Lippalakki jossa on valot

PAULI KALLIO

Lippalakki jossa on valot

runoja

© *2016 Pauli Kallio*

Kustantaja: BoD – Books on Demand, Helsinki, Suomi
Valmistaja: BoD – Books on Demand, Norderstedt, Saksa
Kannen kuvat: Pauli Kallio
Kannen suunnittelu: Solja Krapu-Kallio

ISBN: 978 952 286 472 - 7

Miltä luojasta tuntuu

kun on valmista

ja kesken kaikki

I Mitä tapahtuu kun toiset meistä nukkuvat

Timpurinkyniä

Ostin paketin timpurinkyniä
niitä riittää joka taskuun
naulapussin lokeroon
haalarin lenkkiin
korvan taakse unohtumaan
yksi kerrallaan käytettäväksi

Piirrän paperille ja vanerinpalalle
kattohuovan kääreeseen
tupakkiaskin kanteen
tai kiveen
kirjoitan betoniin valettuja
sormenjälkiä märkään valuun
kämmenenkuvia
ekologisia jalanjälkiä askelmitalla
sanoja: "tähän", "mitta" tai vain merkkejä
nuoli, pystyviiva, tuosta poikki, asteriski
tai heittomerkki

Sulkeisiin en halua

mikä merkitsee juuri sitä mitä tarkoitan

selvää sille joka mittaa huonekorkeuksia

ikkunanreikiä

oviaukkoja

lankkuja, piiruja, koolinkeja

merkitsen katkaisukohdan

tuosta poikki, viivan vierestä

ilman epäröintiä, selittelyitä, tarkistuksia

kerralla oikein

ensi kerralla oikein

Piirrän terävällä kynällä

Milli on metka matka

joskus ylettömästi liikaa

joskus merkillisen vähän

Olisi sankari

Olisi sellainen jota
katsoa ylöspäin

Ajatella että jospa minäkin joskus
olisin sellainen
joka uhrautuisi
antaisi paidan päältään
jakaisi viimeisen leipäpalan
pelastaisi kissan puusta
neidon roistojen luolasta
nukkuvan palavasta talosta
avaimensa hukanneen koulupojan
pakkasesta
hukkuvan oljenkorreltaan
    puhaltaisi lapsen kipeään sormeen
sanoisi että tein vain sen mitä kuka tahansa olisi tehnyt
ja pyyhkisi pölyt hatusta

Pikaliima

Jäi tähän

vaikka olisi voinut

haihtua

hävitä

pyyhkiytyä

kulua

hioutua

    silti jäi tähän

    jäi

säilyi

pysyi

liimautui

tarrautui

painautui

syöpyi

uurtui

on siinä

    ja pysyy kuin henkäys

Kävelen Minna Canthin ohi satamaan

Istuu matami jalustallaan

lumi peittää nutturan, olkapäät ja

laiturissa keväiset laivat

Tikanpojat rummuttavat syöksytorvia

luonto ajaa ne puuhun aikanaan

nyt ne ajavat koulunpihalla kehää kumi käryten

Äkkiä metsänreunassa leiskuu

sinistä ja punaista

illan tullen sanoi hän

lähden tästä talosta pois

Lentokone raapaisee jälkensä siniseen

harakka keikkuu latvassa

pudota, pyllistää vai kumartaa

olla vai olla olematta

sanon sitä Hamletiksi

se ei kutsu minua Minna Canthiksi

vaikka minulla on pohjoistuulen lunta harteillani

lentää räkättäen lentokoneen perään, etelään päin

suuri punainen sulattaa sumun ja

putoaa, jään läpi

kummaa kuumottamaan

Arjen rahina

Poljen työhön

aina eri reittiä

väistelen uria

ajan niissä, niistä pois

soran rapinassa

tai rengas saveen upoten

syteen tai syteen, perkele

silmät suut täyteen ja säkkiä myöten

joskus tässä luiskahtaa satulasta kumminkin

ilman kilkkaa kello vilkkaa silmä, kissan mustan tien

yli ajan, silti

etsin eri reitin

vaikka maali on sama

tuoretta lyijyä petäjän kyljessä

aika on maali

ja minä olen aika

poika lähtiessä

ja palatessa eri mies

Pilvessä olisi reuna

Takana valoa enemmän kuin edessä

että erottaisi, näkisi rajan

jossa aika irtoaa äärettömästä

Lähde ja jää

Kilahtaa valo

sulaa ja soi

solisee

helisee

pisaroi

lirisee

lorisee

kuohuu

kohisee

ulapan yli

sulan halki

kiloa kajoa

lämmittää

laulaa

kumisee kallion kylki

kehrää kivinen kansi

märän rännän lotinaa

mämmin lämmintä imelää

keväistä evästä

päiväntasaukseen

   lähde ja jää

pulppua

kastele janoinen maa

anna siemenen itää, länttä

kohti lennä

liidä lokkina laivan yllä

tai pääskynä pesää tee

Kuopio-Helsinki-Tampere-Turku

Kuopiossa taksikuski kertoi että nuoret uroshirvet olivat

tulleet joukolla kaupunkiin kosimaan, ne olivat

lähennelleet postinjakajia.

Helsingissä toinen näytti paikan, jossa hirvi oli kokeillut

autonpeltejä.

Molempien kanssa puhuttiin poliitikkojen muistista: he

eivät millään pysty palauttamaan mieleensä keneltä ja

milloin ovat saaneet rahaa.

Mitähän tekemistä hirvillä ja poliitikoilla on tässä

kirjeessä, jossa minun piti kertoa päivästäni?

Helsingissä autoyhtiön johtaja ei puhunut pelleistä

vaan peileistä, johon jokainen läsnäolija voisi katsoa.

Tampereella menin oikeaan paikkaan väärään aikaan

ja oikeaan aikaan tulleet menivät väärään paikkaan.

Turun juna lähti ajoissa, sillä pääsi satamaan mutta ei

yhtään sen pidemmälle.

Satamahotellissa katsoin mestarien liigaa ja söin

pizzaa, merinäköalan peitti risteilijän jyhkeä kylki.

Oli lähellä etten hypännyt laivaan. Olisin voinut
matkustaa jäniksenä tai hylkeenä uida laivan perässä.

Ja koko kuuman päivän olen kanniskellut virttynyttä
villapaitaa junissa, unohdin antaa sen yhdelle
helsinkiläiselle. Otin kylmän suihkun ja oluen.

Turku on kaiken aikaa turkumaisillaan mereen.

Ikkunapaikka

Juna liikkuu mustassa ja valkoisessa maisemassa

istun liikkumatta ikkunapaikalla

lumi on kirjoittanut talven ensinuotit jäähän

jazzia jalokaloille ja jalaksille

jäljet kulkevat rinnakkain, sulan yli

tuulen matka taittuu

poikkeaa koivunlatvaan jossa istuu lyyrapyrstöinen nuotti

olen matkalla, tulen läpi

maisemasta

mitä kauemmas sitä lähemmäs

tässä kiskojen rytmissä äänet sekoittuvat, yhdistyvät,

kohoavat, ne tuuletetaan ulos ikkunasta

huuhdotaan alas vessasta jota saa käyttää junan k i ssa

edes takaisin, ja takaisin edes nyt kun

minä olen se hiljainen mies

jonka päässä moikaavat kellot ja rummut viimeistä päivää

olo on viaton kuin hiutaleella jota juosten suuhun

pyydystetään

Herättäisittekö minut Keravalla

Anteeksi, menettekö Lahteen?

En vaan Mäntsälään

Sepä hyvä, herättäisittekö minut Keravalla

Keravalla

Niin, Keravalla. Sanokaa vain että "Juha, ollaan Keravalla"

Etkö luota junakuulutukseen

En. Herättäkää, mutta älkää hyvä mies tönikö, sillä voin

lyödä

No minä herätän

Olen täysin rättipoikki, olen valvonut samoilla silmillä

maailman tappiin, kävellyt kaikki kadut. Joten

herättäisittekö minut Keravalla?

Herätän siis Keravalla

En halua laittaa hälytystä, haluan että joku herättää minut,

minulla ei ole kotona ketään herättäjää

Keravalle on kaksi minuuttia, joko herätän

Herättäkää

Juha, ollaan Keravalla

Mitä tapahtuu kun toiset meistä nukkuvat

Herätessäni tiesin että minun piti

muistaa jokin asia

piti tietää jokin

mutta en pystynyt: unohtunut herätti

mutta ei palaudu mieleen

Mitä tapahtuu jos ei muista

Seuraako siitä jotain

Kääntyykö päivä eri suuntaan kuin se olisi kääntynyt

jos olisin muistanut

vai meneekö niin kuin muutenkin menisi

pitäisikö siis muistaa vai unohtaa?

Ajan parran

keitän kahvia

haen lehden

Vastaan hölkkää laiha mies kuten

jokaisena muunakin aamuna

tämä ei eroa niistä mitenkään

ihan tavallinen aamu

Tervehdimme vaikka emme tunne toisiamme

Hän tarkistaa kellonsa

kumpikin on ajassa

Hän juoksee aina samaan suuntaan

koskaan en ole nähnyt hänen palaavan

hän kiertää kehää

kuin kellonsa

Lehti tulee joka aamu

ja joka aamu siinä on uudet uutiset

mitä maailmassa tapahtuu

tai kotikulmilla

kun me nukumme

Naapurissa palaa aina valo

ehkä vanhaa miestä kolottaa

ehkä hän pelkää nukkua pimeässä

ehkä hän tarvitsee valoa nähdäkseen

niin kuin me kaikki

Kello 5.55 lähtee pikajuna asemalta

aina samaan suuntaan

se kolistelee ohi minuuttia vaille tasan

ja kuulutus kertoo seuraavan aseman jolla pysähdytään

    Koskaan ei kerrota niitä paikkoja joihin ei pysähdytä

Eikö niihin ole ketään menossa

niillä ei ole informaatioarvoa pysähtymismielessä

muussa mielessä kylläkin,

esimerkiksi jos haluaa ostaa aseman

    Haluaisin itselleni aseman

aivan tavallisen aseman

sellaisen jota voisin kunnostaa

etsiä päähäni lakin ja käteeni punaisen lipun

heilutella ohikulkeville junille

muina miehinä

Luen lehteä kahvia juodessa

ei yhtään asemaa myytävänä

missä asemani on

missä voin heiluttaa lippuani?

Sen sijaan on suuren urheilujuhlan avajaiset

Liput liehuvat ja niitä heilutetaan

pienten maiden pienet joukkueet

isojen maiden isot rivistöt

marssivat järjestyksessä

massiivinen ilotulitus valaisee taivaan

Toisaalla marssivat toisenlaiset joukot

pieneen maahan työntyvät tankit

ja toisenlainen tulitus valaisee taivaan

Lehtikuvassa mies itkee kuollutta veljeään

joka makaa hänen sylissään

taustalla on heidän kotinsa raunio

kerrostalo johon osui

he eivät ehtineet alta pois

heillä ei ole lippua

ei tankoa

ei kattoakaan

Lukiessani tiesin että minun pitää muistaa jokin asia

jokin jolla on merkitystä

joka on tärkeä

Ei sitä voi unohtaa jota ei muista

Mihin tämä johtaa

pitäisikö siis muistaa vai unohtaa

Mitä ehtiikään tapahtua kun me nukumme

Musta

Tuntuu rapina

särjen pähkinää

on tämä kuori joka ei kovin helposti rikkoudu

on tämä musta

jota en saa särjettyä

raapaistua naarmuakaan

kaikki hyvin

jopa hilpeästi

miksi ikkunoita varjostavat tummat verhot

punaisia kukkia kummulla

miksi juuri nyt

miksi juuri nyt

hiljaa

ei soi enää

on vain rapina

kuori hauras kuin

rastaan muna

me olemme tässä, kuoressa

valmiina kuin varhaiset kirjeet

tulemaan, olemaan itsellemme

ja toisillemme

emmekä muuta voi

Elämänlangasta lapaset

Neulot elämänlangasta lapaset
puet lämmintä matkalle
jonka alkua emme muista
ja lopusta emme tiedä
jokaisen on tämä kuljettava
mentävä niin kuin parhaiten osaa

Leivot leipää
lypsät maitoa
kaadat kahvia termokseen
eväs riittää koko matkalle
sillä leivänjuuri on meitä vanhempi
ja syntyy aina uudestaan

Poimit puolukan, mansikan maisteltaviksi
auringonkukan kauneutta tuomaan
kevyiksi siiviksi
painavien päivien yli

Viimeisessä maisemassa virtaa joki

viheriöi niitty ja koivu

jota auringon punainen pilkahdus koristaa

katselet meitä nyt kauempaa

olet kotona taas

Purin surun

nurin perin
vähin erin

Mussorskya kuunnellessa

liu'un yli tumman ja jään
tähän miettimään

kai sitä voi toivoa muutakin
kuin että pukamat pysyvät
peräuniversumin tuolla puolen

Hirventaljoja kuusenoksilla

Neljännesvuosisata saman ihmisen kanssa

joku voisi puhua jatkuvuudesta

uskollisuudesta

turvallisuudesta

minä puhuisin rakkaudesta

jos osaisin

Vasta eilen hulmahtivat kesähelmat

kun parketilla liidettiin

nyt harpon ohi

käännän katseen toisaalle

ohimon harmaus hapsii lakin vinoon sille silmälle

joka vielä kaukonäkee

ja se toinen, se lähiöpupilli

puupilliin puhaltaa

nokkahuilu

kommunikoidaan lähiöpöydästä

jossa istuu ja palaa

kolme tervasleijonaa

tuomo, eero ja minä

Puhutaan järkeviä sitten kun on sen aika

nyt on tämä

ja pilvi joka roikkuu kuusenlatvassa

kuin hirventalja

Täydellinen päivä

Hammasta särkee
ja vatsassa velloo kohmelo
muuten kaikki on loistavasti

Kahvinsuodatin tulvii yli
kello jätättää, televisiossa sataa lunta
mutta muut laitteet helpottavat arkea merkittävästi

Vihmoo räntää vaakasuoraan
merenkurkussa tuulee viisitoista metriä sekunnissa
alavilla mailla hallanvaara
näitä pieniä poikkeuksia lukuun ottamatta sää on upea

Pomo ei sano huomenta tai kiitos
vaan käskee huoneeseensa
vapautamme sinut jouluna
sillä sinä jos kukaan löydät uuden työn
ja kättelee kohteliaasti

Televisiossa sataa lunta

räntä läiskii ikkunaan

sähkövalo sammuu

mutta muuten kaikki on loistavasti

Ääniä

Voiko yhden ihmisen hiljainen ääni täyttää tilan
liikauttaa jotakin hyvin syvältä, läheltä
ja lennähtää saman tien toisaalle

Miten näitä ääniä lukisi
näitä joita ei kuule
ei tunne
ei haista tai maista
    pisteitä
merkkejä
hälyä
kohinaa

Keräsin kerran taukoja
nauhoista pois pätkittyjä
ne lojuivat joutavina pitkin lattioita
minulla on merkittävä kokoelma eripituisia hiljaisuuksia
niille on käyttöä silloin

kun puheita on paljon

mutta ääniä vain yksi

ja tauot pakostakin suhteellisia

Pohjoisessa nauhoitin radiohiljaisuutta

se ei ole absoluuttista äänettömyyttä

luulen kuulevani revontulten laulua

vai mikä se hiljaisuudessa hyräilee jos mitään ei kuulu

lumiko se laulaa

mitä äänimäärä tähän sanoo

ei mitään lisättävää

ei mitään pois otettavaa

    ei minullakaan

Erotin yhden

heti tiesin sen kuuluvan

sellaiselle joka tuntee

on kokonaan tässä

soi

solisee

helähtäen kiertää kivet

mutta läpäisee kallion

keveä, syvälle vievä tuulenhenkäys

Ujoja leijonia aamunkoitteessa

Lähestyä avoimessa maastossa
kovassa varjottomassa valossa
kiertäen ja kaartaen
nöyrästi, ylpeästi
tai suoraan
voimansa näyttäen
kohdata
vaikka on ujo ja leijona
evoluution ketjussa

Kantasoluista voi tehdä leukaluun
kylkiluusta ihmisen
mutta mistä ujot leijonat tulevat
voivatko ne jäädä henkiin
tässä valossa
aamunkoitteessa jossa valo paljastaa
yön jäljet ja merkit, merkitykset
jäävät puunvarjoon

niitä voi katsoa monesta eri suunnasta

ja ne näyttävät aina erilaisilta

leijonat hiipivät kaleidoskoopissa

lähestyvät tuulen alta

ja uusivat itsensä omista luistaan

aamunkoitteessa

Nainen peilissä

Hotellihuoneen peilissä

katsoo suljetuin silmin

näkee muistikuvia

mielikuvia

unia

Valkoinen peitto on pudonnut

paljastaen sen minkä haluaa näyttää

jalkaterä ojentuu lattiaan, potkaisee vauhtia

kuin olisi nousemassa ratsaille

tai lentoon, lennätettäväksi

peitto purjeenaan liitää kattojen yli

    meren yli

toiseen todellisuuteen

sellaiseen jossa saa merkin

lantion herkkään ihoon

Kuura

Punaisin huulin aurinko puita suutelee

kuusten latvoissa harakka ja varis katselevat toisiaan

orava on paimennettu alemmille oksille

varjossa kasvaa harmaita häntiä

ja vikkeliä jalkoja

Kadulla kahisee kuivia lehtiä

ne tanssivat tuulessa

oletko kuullut miten lehmuksen lehdet laulavat heleästi

ja vaahtera virittää värisoiton

riite ritisee railoille

kuiva kuura kiipeää nurmelle

on tämä aamu

jolloin kaikki on pyhää

Yritän tähyillä horisonttia

Laivasi seilaa tänne päin

sivumyötäisessä sinne tänne sinne

Opiskelen ruotsia leffasta

Kim Novak ei uinut Genesaretinjärvessä

enkä minä Valkeisenlammessa

Ilta on kuin piimä pimeässä lasissa

läpitunkematon kutsuu

yötuuli kolistelee

seuraan sitä kuin sokea koira ilman taluttajaa

sanoisi veljeni jos vielä eläisi

ei hänellä koiraa ollut

hänelle soivat vaskikellot keskellä kesää

lähti taivaanrantoja harppoen

Pimeys panee katsomaan kasvoja ikkunassa

näen itseni ja toiseni

sen joka on minua

sen joka on minussa ja joka silti on tervapääsky

vapaassa pudotuksessa

Päivitys on lähes valmis

on käynnistyttävä uudelleen

II Kahvilla

Aamukahvi

Käynnistät päivän kuin kaurapuuro

olet sisäinen villapaita

jonka olemassaolon huomaa vasta sen puuttuessa

    aukaiset silmät ja korvat

mitä tänään tapahtuu

mitä ääntä maailmaan mahtuu

mitä kuvia lehdestä lehahtaa

    muki käden ulottuvilla

lusikka kauniisti kädessä

silmä puurossa

Moccamaster

Jäähtyvän laavan loputon virta
jolla täytämme arjen kentät
muutosvalmiusarvokeskustelulaatukäsikirjavoimavara
tahko pyörii, lautaselle rahisemaan jätetty savikiekko
sanoja en enää kuule
vaikka osaan ne unissani, ulkoa
opittua toistelee, papukaija
orjasielu laumahenki
kierrän automaattitulostinkopiokonekolmiota
silti, vielä mieli
suodattuu kevyellä keskipaahdolla
vapaa ei ajattele mitään niin vähän kuin hidasta
kuolemaa
hänen viisautensa on elämän pohdiskelua

Caffè latte

Buongiorno, kyyhkynen

Rooman kulkuri

joka siipesi hipaisulla

lievität ikävän

vanha nainen ripottelee leivänmurusia

istahdat olkapäälle

mies tuntee sinut

kun kuplit, kujerrat

ja pelmahdat parvessasi

toisaalle

torin aurinkoiselle laidalle

toisia murusia metsästämään

Espresso

Pohjaan palanut silmäsi katsoo pahasti
en halua juoda lähteestäsi tänään

Café de Paris

Olet kuuma kuu ja sateinen katu

kuohut kultaisen reunan yli

seinällä Toulouse-Lautrecin

tanssijan helmat hulmahtavat

paljastavat totuuden mustat nilkat

   sateen kastelema kissa lymyää pöydän alle

minä kierrän kujalle

etsin kuivaa hyvin valaistua paikkaa

Kuppiin jäänyt

Tuuli pyörittää lunta
puhe jäätyy narinaksi
sinä et enää lämmitä
nollapisteen lähellä, kaikki
      on absoluuttisesti läsnä
jäässä kuin mummon hauta

Cafe Arabica

Hiekkaan hautautuneena
olet valmis pistämään
   poltat suun ja sielun

Parempi että pysyt kolossasi
   sillä sinua tarvitaan vasta harmaana päivänä
sienten ja viinin välimaastossa
on puraisusi paikka
   muulloin en ymmärrä sinua etkä sinä minua
sinulla on kunnia ja kasvot
niitä ei saa riisua
kuin aavikon autiudessa

Kenya

Ihmisvirta kiertyy spiraaliksi kohti keskusta

hämmentyy, sekoittuu

lapset sinisissä koulupuvuissa

mies hiilisäkkiä kantaen

pojalla vesikanistereita kärryllä

virkamies sateenvarjoineen

mopoja, pyöriä, täyteen ahdettuja busseja

ja valkoiset omissa panssareissaan

päälakeen porautuva aurinko

peltikioskit

puusepänverstaat auringon alla

parisänkyjä myynnissä kaikilla

slummien punainen lieju

naiset istuvat ringissä

suunnittelevat häitä

syntymisen ihme

miljoona kertaa

alituinen nälkä

Colombia

Pienet sormet poimivat papuja säkkiin

säkit sademetsien halki laivaan

laiva meren yli pohjoiseen

jossa kaamoskansa yrittää pysyä hereillä

Brazil

Tyhjät säkit tulevat mustan viljan maista,
täytämme ne ohranjyvillä, puimme rantapeltoa
syyspalttooseen
yöllä lämmitän kuivaajan uunia
tyhjennän säkkejä
 ajattelen hiekassa tanssivia varpaita
pieniä jalkapalloilijoita
ja jalkapallosankareita
sambakulkueen kimallusta

Isä kertoo tarinoita Antti-vaarista
joka laski askeleet kirkolle
ja montako jyvää matkalle mahtuisi
Yö saa jalat ja juoksee pois

Termos

Tiaiset kieppuvat hautausmaan kuusissa ja kivillä

huomauttaen että elämän tarkoitus on leikkiä

   hiihtelen tuttua uraa

pohjaan ei tartu neulanen tai kaarna

kävyistä puhumattakaan

Kun kiehuva kahvi kaadetaan termokseen,

se on vielä vuorokauden kuluttua kuumaa juotavaksi

Kun ihmisen ruumis lasketaan hautaan

se on kylmempi kuin maa johon se peitetään

siitä jää matala kumpu ja kivi muistuttamaan

että tähän laskettiin jonkun tomumaja

Muistan silmäsi, vaari

ne olivat kiinni

ja vielä kummun alta kuulin sanasi

katso eteesi poika

Yönlyöntejä

Kuuntelen

sydänyön lyöntejä

sisälläni virtaavaa jokea

mullan laulua

hiljaista tietoa eletystä, olemisesta

Vene lipuu suvannossa

pystykorva haukkuu elokuuta,

    sudenjälkeä

    pelkoa

    omaa ääntään

hevonen kahlaa rantaniittyä, syvään

hiljaisuuteen

ei kaste laskeudu, vielä

nostelen lämpimiä säkkejä

    brazil, costa rica, colombia

tyhjennän ja täytän säkit, taas

joki virtaa sumuun

kuu kilahtaa rantakivelle

samaan virtaan

ei voi kahlata kahta kertaa

vaikka on hevonen joka ui

III Aika kaivaa

Kellot puiden oksilla

Havaita tämä, nähdä

tulla tietoiseksi, itsestään

tarkentuva kuva

tuntea puiden syyt sormien alla

kuulla hiljalleen voimistuvat äänet

kuin kellot puiden oksilla

puiden joilla on yhteiset juuret ja toisiinsa kietoutuvat

latvat

Tietää nimensä, sukunsa, syntymänsä

kylvää ja kastella maa

kumartua lähteelle

ja juoda

kuulla tuulessa helisevät kellot

    sinun, minun ja meidän

kuulla kaikki kellot kaikkien puiden oksilla

Haljennut saari

Mitä olen kylvänyt

sitä olen kyntänyt

nähnyt itävän, kasvavan, kukkivan ja lakastuvan

kuokkinut vakoja ja istuttanut perunoita

kaivanut ylös, kaatanut laariin

elänyt talvisten päivien yli

tämä puutarha, tämä saari

jonka aamupuolella lepää kesanto

ja lännessä hehkuu auringonkukkapelto

saari kasvaa kynsilaukkaa

minä kaivan ja kitken, itken

löydän maasta uoman

saari on halkeamassa

istutan köynnöksiä puolelta toiselle

juuria kuilun yli

saari kelluu jäänmurtajan avaamassa vanassa

ja kevään tullen seilaa omia aikojaan

    muina saarina

sinne minne tuuli sattuu puhaltamaan

kokka ja ahteri eri suuntiin tai samaan

tyyrpuuri paapuuri

itälänsi luoteen vuoksi

pitävätkö juuret

tuuliajolleko tässä

purjeitta ruoreitta mastoitta

soutamaanko

huopaamaan

vai hypätä jäihin uimaan

kelluvien perunoiden hornankattilaan

Luulen ymmärtäväni

Luulen asettuvani kuulolle
ymmärtämään
lähelle, kaukonäköisesti
hakemaan suuntaa
mutta ymmärränkö pehmeyttä
sisälle piirrettyjä kuvia
    minulla on metsien mykkyys niskassani
painava, sanaton
mihin päin tästä
sanopa mihin päin tästä

Syrjässä kiinni

Se että on

kiipeämässä

johonkin

tavoittamattomaan

ei tarkoita jonkin muun

olemattomuutta

vaan sitä että

pysyy reunassa

syrjässä

kiinni

Näin unessa runon etanasta

se lojui terassipöydällä

lasipainon alla

että tuuli ei veisi

lepäsi siinä

rennosti

elävänä

kuin runo ainakin

kuin mikä tahansa runo

tarkoituksella tehty

mietitty

Paperilla otsikko

ja sen alla säkeet

hitaasti polveillen

rivi riviltä

merkiltä merkille

mutkitteleva jälki

oliko se etanan jättämä

ylhäältä

    alas

  oikealle

vasemmalta

Paperista puuttui pala

alimmat rivit puuttuivat

mitä jäi viivan alle

kuka sanat söi

Aika kaivaa

maata jalkojen alta

hiekkaa lasista

suosta turvetta

kiviä pellosta

ruosteista rautalankaa

kirveitä

talttoja

kalloja

kultaa

kynällä

kirjaimien välistä

kynnen alta

nöyhtää navasta

nenästä verta

vaikkua korvasta

muistista kuvia

kerroksia maasta

karike

lahoaminen

muruinen multakerros

    pohjamaa

    uuttuminen

    rikastuminen

    pohjavesi

    peruskallio

    kivikehä

    moho

    ylävaippa

    pluumi

        ydin

luita haudasta

pronssimedaljonkeja

nuolenpäitä

savikuppeja

tuhat vuotta elämää säilöneitä jyviä

kylkiluu ja nikama

kivettynyt simpukka

fossiili

    on aika

kaivaa aikaa

Vaihtoja

Luin tekstejä

joissa kirjoitin äänistä

    sanoit niiden puhuttelevan

minä sanoin että niin ne syntyvät

kirjoittamalla runot

puhumalla sanat

nauramalla ilo

ja tauoista vaihtuva tanssin rytmi

Hyttyset tanssivat suomipopin tahdissa

Mies seisoo rekkajanossa kuin heinäseiväs
vaikka piti olla siniristilipputanko, heleät koivut
ja vasta saunassa selässä suolainen hiki
löylyn läähättämä
kylmään kastautuja
mallasjuoman hörppijä
suomies turpeenpuskija
maanmöyrijä
kuumassa köyrijä
soraa kuopimassa
kahva edellä petäjää nuolemassa
pänikkä sarvessa
makkaratikkua vuolemassa

Näetkö tämän tyynysi alla
sinä seitsemän yrtin neito

Lippalakki jossa on valot

Minulla on lippalakki

jossa on valot

minulla on valot, olen valaistunut

rannasta näkee kaupungin valot

lakki valaisee polun ja lyhty saunan

polulla kuulen

tuulen huulet

pihlajan oksilla

ujot marjat punastelevat

vihreässä valossa

Ähkitään

kylvetään

puhdistutaan

puhutaan kielistä

kielet puhuvat meistä

enemmän kuin ehdimme ymmärtämään

Minulla on kivien lämpö harteillani

sisällä veden kirkkaus

Kaikki on hyvin

lakissa valot ja pihassa polku

Sisällys